NOTICE
DE TABLEAUX
ORIGINAUX

De Aniello Falcone, Lucas Jordano, François W.eroneze, Parocel le pere, Mignard, Rigaud, Antoine Vatteau, Desportes, Baptiste, Honoré Fragonard, Norblin, Durameau, Moreau, Van Mool, Philippe Wouvermans, David Teniers, Jean Winants, & autres Maîtres.

DESSINS

De Le Sueur, Carle Vanloo, François Boucher, Natoire, Greuze, Fragonard, Lagrenné, Larue, Peintre, & Larue, le Sculpteur, Caresme, Perelle, Gouase, de Patel.

Miniatures *de la Rosalba*, &c.

Dont la Vente se fera le Vendredi 7 *Février* 1777, *rue* Saint-Honoré, *Hôtel* d'Aligre.

On pourra voir les objets le Jeudi & Vendredi, depuis 10 heures jusqu'à 2.

La présente Notice se distribue chez PAILLET, *Peintre, même Hôtel.*

A PARIS,

De l'Imprimerie de P. Fr. GUEFFIER, au bas de la rue de la Harpe.

M. DCC. LXVII.

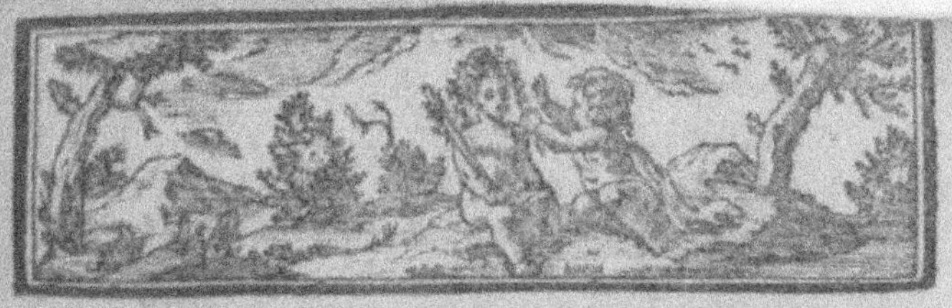

NOTICE
DE TABLEAUX.

1. **D**eux tableaux peints sur toile, par Aniello Falcone, maître de Salvator Rose; ils représentent chacun des haltes de cavaliers : dans l'un, ils sont cuirassés; dans l'autre, ils sont vêtus suivant le costume asiatique. Ces deux morceaux d'une touche savante & ferme, sont très-rares à rencontrer; ils portent 13 pouces 6 lignes de large sur 9 pouces de haut.

2. Un tableau de forme ovale; il est peint sur toile par Lucas Jordano; le sujet tiré de l'histoire profane, représente Éole ranimant de son souffle, un cheval : ce morceau d'une touche large, est d'une très-bonne couleur. Hauteur, 45 pouces; largeur, 36 pouces.

3. Un paysage avec fabrique, & quelques figures; ce tableau est peint sur toile, par Sébastien Bourdon : il porte 32 pouces de large, sur 24 pouces de haut.

A ij

4. Deux tableaux riches de composition, d'un grand fini, & très-agréables; ils sont peints sur toile, par François Veronese: l'un représente Venus environnée de ses Nymphes, & d'une quantité d'Amours; l'autre est le triomphe d'Amphitrite, Neptune l'accompagne; des Nayades & des Tritons sont à leur suite. Largeur, 17 pouces; hauteur, 14 p.

5. Deux tableaux faisant pendans; ils sont peints sur toile, par Parocelle le pere, dans son meilleur temps: l'un représente l'attaque d'un Fort que l'on apperçoit dans l'éloignement. Le devant est occupé par plusieurs chocs de cavalerie. L'autre tableau est l'instant d'après la bataille; sur le devant est un grouppe de trois figures, parmi lesquelles on apperçoit un Officier blessé, & son cheval tué auprès de lui, des canons & plusieurs autres ustensiles de guerre occupent le second plan; dans le fond est la vue d'une ville éloignée. Largeur, 27 pouces; hauteur, 19 pouces.

6. Le portrait de Charles Perrault, par Mignard; ce tableau de forme ovale est peint sur cuivre. Hauteur, 5 pouces; largeur, 4 pouces 6 lig.

7. Un tableau bien peint & rendu avec vérité; il est peint sur toile, & représente un canard, un lièvre & une perdrix attachés à un croc; au-dessous, sur une table de pierre, sont posés des pêches & du raisin. Hauteur 33 pouc. largeur, 27 pouces.

8. Un autre tableau, même genre & grandeur

que le précédent ; il est peint sur toile, &
d'une bonne couleur.

9. Un grouppe de différentes fleurs dans un
vase ; ce tableau largement touché, est peint
sur toile, par Baptiste Monoyer. Hauteur,
15 pouces ; largeur, 12 pouc.

10. Deux tableaux de forme ovale, peints sur
toile, représentant chacun une tête vue de
face ; l'un, une jeune fille ; l'autre, un jeune garçon : ces deux morceaux, études faites
en Italie, par du Rameau, sont d'une touche
légere. Hauteur, 16 pouces 6 lignes ; largeur,
14 pouces.

11. Un portrait d'homme ajusté selon le costume du temps de Louis XIV : ce petit tableau
très-fin, est peint par Rigaud, sur une toile de
11 pouc. de haut, sur 8 pouces 6 lign. de large.

12. Une jeune femme sous l'habillement de
Sultane ; elle est assise, une main appuyée sur
un coussin ; de l'autre, elle tient une pomme ;
le fond est un paysage : ce tableau peint sur
toile, par Antoine Watteau, est fin de couleur, & d'une touche très-spirituelle ; il fai-
soit partie de la collection de feu M. Bouché.
Hauteur, 7 pouc. 5 lign. ; largeur, 5 p. 3 l.

13. Un tableau de même grandeur, peint par
Norblin, & faisant pendant au précédent : il représente un homme vêtu à l'Espagnole, tenant
une guitare : le fond est un paysage.

14. La vue d'un jardin; sur le devant est une jeune femme vêtue d'une robe jaune, & coëffée d'un chapeau : près d'elle est son Berger qu'elle couronne de fleurs : ce tableau , d'un bon ton de couleur, est d'un effet piquant, & porte 9 pouces 6 lignes de haut , sur 9 pouces 6 lignes de large.

15. Un tableau fait au premier coup, par Fragonard; il est peint sur toile, & représente une jeune Demoiselle assise près d'une croisée; elle est adossée contre un coussin, & tient un livre qui paroît l'occuper. Hauteur, 30 pouces; largeur, 24 pouces.

16. Deux tableaux peints sur bois, par Moreau: ils sont touchés avec goût & transparens de couleur,& représentent différens paysages : plusieurs figures & divers animaux y sont distribués avec intelligence. Largeur, 14 pouces; hauteur, 9 pouces.

17. Un autre paysage, par le même , & d'un mérite égal au précédent : à gauche sont les ruines d'une tour , & sur le devant un homme conduisant deux chevaux,dont l'un s'est abattu; plus loin, un Berger, son chien , & des moutons. Largeur, 13 pouces; hauteur, 10 pouc.

18. Le sacrifice d'Abraham , par Van Mool, figures plus que demi-nature : ce tableau d'une grande vérité de couleur, & d'un dessin correct, est peint sur toile de 39 pouces de haut, sur 31 pouces de large.

(7)

19. Un tableau peint fur bois, par Philippe Wouwermans; il repréfente des charriots de Vivandiers furpris par un parti ennemi; on voit principalement un d'eux monté fur un cheval blanc, menaçant de fon épée un homme qui s'eft jetté à genoux, & lui demande grace; fur un plan éloigné, eft un autre homme s'échappant de plufieurs cavaliers qui le pourfuivent & lui tirent un coup de fufil: dans le fond eft une fumée de plufieurs coups de feu qui fe détachent fur un ciel chaud & d'une couleur brillante. Largeur, 17 pouces 6 lignes; hauteur, 14 pouces 9 lignes.

20. Un Satyre tenant une corbeille de raifins; près de lui eft une jeune Bacchante ayant une main appuyée fur fon épaule, & de l'autre femble vouloir prendre un fruit: ce tableau bien peint & d'une bonne couleur, ne peut être que d'un des meilleurs Difciples de Rubens. On en trouve l'eftampe gravée, fous le titre du Satyre à la corbeille: il eft peint fur bois, & dans une très-belle bordure dorée. Largeur, 16 pouces 6 lignes; hauteur, 13 pouc. 6 lign.

21. Un payfage peint fur bois, par David Tefniers; il eft d'un ton argentin & d'une touche facile: à droite eft un pont fur lequel paffe un homme conduifant deux vaches. Dans le milieu, les ruines d'une chapelle, & plus bas, deux payfans, dont un eft affis gardant un troupeau de moutons: dans le fond, quelques fabriques & des lointains. Largeur, 13 pouces; hauteur, 9 pouces 6 lignes.

A iv

22. Un autre payſage peint ſur bois, par le
même, on y voit pluſieurs maiſons de payſans;
ſur le devant , deux hommes converſent en-
ſemble; un peu plus loin eſt un chien : ce
tableau qui eſt légerement peint , eſt d'un ton
clair. Hauteur, 5 pouces 5 lignes ; largeur,
6 pouces 6 lignes.

23. Un payſage très-fin , par Jean Winants , &
pour figure un départ de chaſſe à l'oiſeau , par
Lingelbac : ce tableau eſt peint ſur toile , &
de même grandeur que le précédent.

24. La vue d'un payſage & quelques baraques
de payſans ſituées au bord d'un canal : ce tableau peint ſur bois, par Croos , eſt orné de
figures. Largeur, 7 pouces , 6 lignes ; hauteur , 5 pouces 9 lignes.

25. Deux tableaux peints ſur toile , par Coeſ-
mans; ils repréſentent des guirlandes com-
poſées de différens fruits rendus avec beaucoup de vérité. Largeur, 31 pouces; haut. 21 p.

26. Un tableau peint ſur cuivre , par un maître
Italien ; il repréſente la Vierge & l'Enfant
Jeſus. Hauteur, 13 pouces ; largeur , 10 pouc.

27. Un autre tableau peint ſur cuivre , dans la
maniere de Pazarès; il repréſente la fuite en
Egypte. Largeur, 14 pouces ; haut., 11 pouc.

28. Un payſage dans lequel on voit une chaſſe
au ſanglier : ce tableau qui a du mérite , eſt

peint fur cuivre , par un ancien maître Fla-
mand. Larg., 17 pouces ; haut. , 7 pouc. 6 lig.

29. Un payfage peint par Patel ; la droite eft
occupée par un terrein élevé, fur lequel on
voit un groupe de plufieurs arbres & des fabriques : fur le devant font quelques figures ,
& dans le fond, des lointains : ce tableau fur
toile eft très mal repeint. Largeur, 14 pouces ;
hauteur, 11 pouces.

30. Une efquiffe en grifaille, repréfentant Jefus fur la croix : ce tableau qui peut être des
commencemens de Vandeck, eft peint fur
bois, & porte 17 pouces de haut fur 15 pouces
de large.

31. Un payfage peint fur bois, par Gofredy ; il
repréfente des ruines , & fur le devant font la
Vierge, l'Enfant Jefus & Saint Jofeph fervis
par des Anges. Larg., 11 pouc. ; haut. 8 pouc.

32. Deux payfages peints fur toile , & faifant
pendans : ces deux tableaux ornés de quelques
figures, font par un Eleve de M. le Prince.

33. Deux tableaux, copies d'après Vernet ; ils
font peints fur toile, & font pendans : l'un
repréfente un payfage, fur le devant duquel
on voit des femmes qui fe baignent ; l'autre
eft une marine éclairée de nuit par un clair de
lune. Largeur, 38 pouces ; hauteur, 24 pouc.

34. Quatre tableaux deffus de porte ; ils font en

grisaille , imitant le bas-relief : il y en a deux qui portent 37 pouces de large , sur 24 pouces de haut ; les deux autres portent 34 pouces de large , sur 29 pouces de haut.

35. Quelques tableaux parmi lesquels il y en a de bons qui feront vendus fous le même numéro.

DESSINS
MONTÉS SOUS VERRE,
GOUASSES et MINIATURES.

36. Le portrait de Nobil Donna Foscari , morte à Venise, en 1715 : ce morceau d'une grande finesse , & richement ajusté , est peint en miniature par la célebre Rosalba. Voyez le catalogue. Mariette , N° 2.

37. L'enlevement d'Europe ; ce morceau de forme octogone , est peint à gouasse , par Pietro Bianchi.

38. Deux morceaux très-fins , peints à gouasse , par Patel : ils représentent des paysages & ruines d'Architecture. Largeur , huit pouces , hauteur , 6 pouces.

39. Un dessin sur papier gris , à la pierre noire , & légerement colorié : il représente le vœu de Sainte Catherine à la Vierge ; elle est de-

vant un Patriarche qui paroît inspiré du Saint
Esprit ; derriere lui , deux soldats , dont l'un
est cuirassé ; quatre Anges soutiennent le mé-
daillon de la Vierge, qui occupent le haut de
ce morceau , dont on ne peut douter que la
composition soit de Rubens. Plusieurs touches
savantes & bien placées annoncent le grand
maître. Hauteur , 39 pouces ; largeur, 24 p.

40. Moyse montrant le serpent d'airain aux Israé-
lites : ce dessin d'une plume très-spirituelle ,
est légerement lavé à l'encre de la Chine, par
Lasage.

41. Un dessin de plafond , forme octogone ,
à la pierre noire sur papier blanc , par le Sueur.

42. Sept différentes études de têtes , figures dra-
pées , & deux petits sujets , contr'épreuve ,
par Carle Vanloo.

43. Deux dessins , étude par François Bouché.

44. Un croquis , par Greuze , contr'épreuve à
la sanguine , sur papier blanc.

45. Cinq dessins, études & sujets , par le Guide,
Natoire, du Rameau, Robert & Barbier.

46. Un paysage d'une touche spirituelle , & orné de figures , par Fragonard.

47. Un dessin très-capital , fait à la plume , &
lavé au bistre , par Larue le Peintre : il re-

préfente une bataille de Turcs contre des foldats Romains : ce morceau correct & compofé
avec feu , eft fous glace. Largeur 41 pouces ;
hauteur, 18 pouces 6 lignes.

48. Deux autres d'une plume très-fine , & lavés
à l'encre de la Chine, fur papier blanc : ils re-
préfentent des haltes de foldats. Largeur , 12
pouces 6 lignes ; hauteur , 9 pouces 6 lignes.

Deux *Idem*, forment en hauteur , croquis à
la pierre noire, lavés à l'encre de la Chine.

Un autre *idem*, repréfentant un choc de
cavalerie.

49. Douze deffins à la plume, lavés au biftre &
à l'encre de la Chine, par de la Rue, le jeune.

S A V O I R :

La métamorphofe des payfans changés en
grenouilles par Latone, qui eft accompagnée
de fes deux enfans.

Un autre repréfentant un bacchanal d'enfans
jouant avec une chevre.

Un autre repréfentant Zephire, Flore , &
plufieurs Amours.

Deux *idem*, faifant pendans : ils repréfen-
tent différens jeux de balançoires par des
enfans.

Deux autres forment en longueur , & lé-

gerement coloriés, repréſentans auſſi des jeux
d'enfans.

Un autre, *idem.*

Deux autres repréſentant différens ſacrifices
& danſes de Faunes.

Deux *idem*; l'un, une femme; l'autre, un
Satyre, entourés chacun de pluſieurs enfans.

50. La Vierge & l'Enfant Jeſus ſur un nuage;
un Patriarche eſt proſterné devant elle : ce
deſſin lavé au biſtre, & rehauſſé de blanc,
par la Grenée le jeune, a beaucoup de mérite.

51. Jupiter & Sémélé, deſſin à la plume, lavé
au biſtre, & rehauſſé de blanc, par Philippe
Careſme.

52. Un ſacrifice au Dieu Pan, deſſin à la plume, lavé au biſtre, & rehauſſé de blanc, par
la Vallé Pouſſin.

53. Un deſſin à la plume, par Perelle.

F I N.

Lu & approuvé, ce 31 Janvier 1777. *Cochin.*

Permis d'imprimer, à Paris, ce 1 Février. Lenoir.

Monsieur de Bourlac

maison de Mr. de Serrat

rue neuve des bons enfans